AF138699

Umschlaggestaltung:
Freddy Vogt
www.freddy-vogt.vpweb.de

Titelbild:
Ingrid Klaus-Uschold
www.uschold-klaus.de

Herstellung und Verlag:
BoD – Books on Demand, Norderstedt
ISBN 978-3-7386-4808-9

1. Auflage

Bibliografische Information der Deutschen Nationalbibliothek:
Die Deutsche Nationalbibliothek verzeichnet diese Publikation in der
Deutschen Nationalbibliografie; detaillierte bibliografische Daten sind im
Internet über http://dnb.d-nb.de abrufbar.

Mehr Informationen über den Autor erfahren Sie auf seiner Website: www.freddy-vogt-art.de

Freddy Vogt

Lyrik

„Schräg bis heiter"

Widmung

Gewidmet den Menschen,

die mir auch in schweren Zeiten beistanden.

Claudia

Alfons

Inhalt

Vorwort

Man sagt Malern, Fotografen und Menschen der schreibenden Zunft ja oftmals nach, dass sie aufmerksamer, sehender durchs Leben gehen.

Da ich in allen genannten Kunstbereichen tätig bin, trifft das für mich in besonderem Maße zu. Ich sehe mich als Künstler in der Pflicht, auch mal den Finger auf die Wunde gesellschaftlicher Fehlentwicklungen zu legen.

Deshalb sind meine Texte, Aphorismen und Gedichte oft auch unangenehm, aufrüttelnd, aber auch schräg bis heiter. Ich bin sicher, dass es viele Leser gibt, die mir zustimmen werden.

Vielleicht gibt es aber noch mehr, die mich angreifen werden, weil sie den sprichwörtlichen Spiegel, der ihnen von mir vorgehalten wird, nicht akzeptieren können.
Damit werde ich kein Problem haben. Es gibt in unserer Gesellschaft ohnehin schon zu viele Jasager. Ich war noch nie einer und werde das auch in Zukunft nicht sein!

27. September 2015   Freddy Vogt

Nicht Gold und Macht

Ob in Freude oder Not
Gekettet sind wir an den Tod
Der Schädel zeigt...
was uns erwartet

Ein Narr, der da behauptet...
es sei anders...
als das Bild uns zeigt

Deshalb denk´daran
Nicht Gold und Macht...
sollst Du erstreben
Vielmehr Dein Herz zum Guten erheben!

Der Morgen danach

Lass uns tanzen und lachen
am Morgen danach

Nicht vergessen, was gestern geschah
wir sind beide
wahrer Liebe ganz nah

Nicht denken,
nur spüren und fühlen
die liebenden Seelen in uns.

WhatsApp

Klopfenden Herzens denk ich an Dich
stell mir die Frage
denkst du auch an mich?

Dann kommt ne WhatsApp
ein Herz sehe ich dort
du denkst an mich
und alle Zweifel sind fort.

Frau Merkel

Ist Frau Merkel Deutschlands Freund
mit Verlaub
dies sei gefragt

War nicht sie es
die da sagt

Die Wehrpflicht
die wird abgeschafft
Feinde
sind nicht mehr in Sicht
also brauchen wir die Wehrpflicht nicht

Dann kommt der Putin
Merkels Freund
und nimmt sich
was ihm nicht gehört

Wache auf
du deutscher Michel
sonst erwartet Dich die Sichel.

Destabilisiert
hat sie das Land

Probleme
hat sie ausgesessen
Lächelnd
hat sie das Volk beschissen

Einseitig ihre Politik
alles für die Reichen
die Armen sind ihr scheißegal

Wache auf
du deutscher Michel
sonst erwartet Dich die Sichel.

Privilegiert
hat sie im Ausland studiert
vom Scheitel bis zur Sohle
kommunistisch ideologisch
geschult und geprägt

Ihr Feindbild war der Westen
nun ist sie Kanzlerin von ihm
vom Saulus nun zum Paulus
manchmal klappt das
auch bei ihr?

Wache auf
du deutscher Michel
sonst erwartet Dich die Sichel.

Bürgerrechte hat sie beschnitten
Vorratsdatenspeicherung
musste her
und noch mehr

Um das Volk zu schützen
vor den bösen Terroristen

Seltsam aber
nun öffnet sie die Grenzen
ungeprüft kann jeder rein
wer immer es auch sei

Statt Schutz
schenkt sie uns Chaos
sozialer Unfrieden
ist nun vorbestimmt

Doch wie ihr guter Freund
der Putin Vladimir
schon mehrmals sagte

Ich komme
wenn mich ruft
ein Freund in Not

Gibt es Bürgerkrieg in Deutschland
Ruft die Merkel ihren Freund

Wache auf
du deutscher Michel
sonst erwartet Dich die Sichel.

Der Banker

Er ist Banker
frank und frei
verzockte er so Allerlei

Seine Bank, sie ist nun pleite
schlagen wir auf die nächste Seite

Die Wirtschaft weint
der Banker ist nun Feind

War er einst ein Leistungsträger
ist er heut´ ein Leichengräber

Auch Verbrecher könnt´ man sagen
doch die Merkel will nicht klagen

Nimmt Volkes Geld und zahlt die Schuld
verzeiht dem Herren voller Huld

Bittere Tränen

Bittere Tränen
ich hab´ sie gesehen

Denkst an den Anderen
geliebt hast Du ihn

Myriaden von Sterne
erinnern an ihn

Er hat Dich verlassen
Dich allein gelassen

Und doch gibt es Zweifel
tief drinnen in Dir

Ich sage Dir
blicke voran
und nicht zurück

Lass leuchten den einen
den neuen
ganz mächtigen Stern.

Alltagssorgen

Wenn die Alltagssorgen überwiegen
bleibt die Feder auch mal liegen

Hab´ die Kündigung erhalten
kann meine Wohnung nicht behalten

Eigenbedarf
so sagt mir der Vermieter
Sie waren stets ein guter Mieter
doch nun ist´s aus
Sie müssen raus

Hier in München und Umgebung
Wohnraum finden, das ist schwer

München
ist des Miet-Hais Paradies
und der Miet-Hai
der ist fies

Sein Mietpreis ist der Hohn
frisst des Bürgers Großteil Lohn

Und was sagt die Politik
Es fehlt der Wohnraum hier und dort
Was hilft´s dem Bürger, er muss fort...

Gedanken zum Weltfrauentag!

Mehr Macht den Frauen
sag ich Euch

Ihr Männer habt sie unterdrückt
so lange Zeit
ich bin betrübt

Als Mütter
habt ihr sie geliebt
als Frauen
habt ihr sie betrübt

Missachtet
habt ihr ihre Stärken
Die doch so wunderbar
so traumhaft wahr

So wunderschön
und tief empfindend

Ihr Männer habt sie unterdrückt
so lange Zeit
ich bin betrübt

Wäre dies nur nie geschehen
wäre heut die Welt viel schöner

heiter
bunter
liebevoller
ich kann es nicht verstehen…

Vereint die Seelen beider Wesen
gleichberechtigt
wohlgemerkt

Dies hätte sicher Not und Elend
auf dieser Welt verneint

Manche Völker
haben es erkannt
Ehren nun die Frauen
wie es sich geziemt

Doch täuscht euch nicht
nicht alle handeln so.

Die Welt

Betrachte die Welt von oben
erkenne
wie klein Du bist

Sende Deine Seele nach oben
und du wirst sehen
wie groß du wirst!

Blumen der Liebe

Blumen als Zeichen der Liebe
von Gott kreiert
uns Menschen zu erfreuen.

Die Bienen erschaffen
die Blüten zu bestäuben

Doch wir sind blind
sollten erkennen geschwind
ohne Bienen
keine Blumen der Liebe im Wind.

Geld wie Heu

Geld wie Heu
er sagt es
ohne Scheu

Sicherheit
und ewiges Leben
soll Gott mir
doch gefälligst geben

Die Anderen
sind mir egal
im Luxus leben
ist mein Ideal

Die Alten
die im Heim verrotten
was geht´s mich an

Ich bin doch hartgesotten
ich leb´ im Luxus
und bin froh

Ich bin reich,
gehöre zur Elite
bin ein Leistungsträger
keine Niete

Armut
ist für mich ein Krebsgeschwür
doch arme Lohnempfänger
brauchen wir

Wer noch ärmer ist als die
dem soll der Tod
singen
die Melodie.

Die neue Ethik

Erst das Auto
dann Garage
und danach
auch eine Frau

Kinderzimmer
Kinder kriegen
Das muss warten
hat noch Zeit

Erst Karriere
Geld anhäufen
gnadenlos
die anderen mobben
und auch
meiner Freunde Frauen poppen

Moral
er sagt es
frank und frei
ist ihm völlig einerlei

Die Eltern
ab ins Altenheim
dort geht´s schneller
mit dem Sterben
bringt noch mehr Geld
kann dann erben.

Deutscher Michel

Der deutsche Michel
schläft doch nur
das macht die Reichen
geil und froh

Doch manchmal wacht er auf
der Michel

Kein Problem
das ist doch klar

Gebt ihm schnell mal
Brot und Spiele
auch das Auto
darf nicht fehlen

Unser Michel ist zufrieden
schließt die Augen
und schläft weiter

Wunderbar
Sagt nun der Reiche

Der Michel schläft
er sieht nicht mehr
wie wir Reichen prassen

Gut so
er würde uns sonst hassen.

Eine bessere Welt

Lasst uns träumen
von einer besseren
friedvollen Welt

Vielleicht wird sie kommen
möglicherweise auch nicht

Doch der Traum
ist mein Held

Macht auch ihr
diesen Traum
zu eurem Held

Dann ist es vielleicht ein Signal
zur Einsicht
die Welt zu verändern

Wer diesem Frieden
entgegensteht
wird entfernt
BRACHIAL

Unser Ziel muss sein
eine Welt

ohne Not
ohne Hunger
ohne Leid

Die Despoten dieser Welt
mit ihren Erfüllungsgehilfen
fegt sie hinweg
sie sind nichts wert
sie beschmutzen nur
diese schöne Welt!

Blühende Landschaften

Blühende Landschaften
noch sind sie da

Dereinst erwachsen
aus Asche
Schutt
und Blut

Von spröden Frauenhänden
aus Ruinen überall
Stein für Stein gehauen
für einen Neubeginn

Wie ein zartes Pflänzchen
das den Teer durchbricht
zaghaft erst und dann mit Kraft
schlugen ihre Hände
Stein für Stein
zum Bau der neuen Welt

Trümmerfrauen
hat man sie genannt
die schwere Arbeit
hat sie schnell verbrannt
sie waren
die Verlierer jener Zeit

Auch später
hat man sie verlassen
In der Rente
sie in Not gelassen

Doch waren sie es
die den Grundstein legten
für die neue
Wirtschaftswunderwelt

Im Grase

Im Grase
liege ich hier
und träume
auch
wenn ich so manches versäume

Sanft
streichelt der Wind meine Haut
vom letzten Sommer
noch vertraut

Der nahe See
er spricht zu mir
mit sanftem Wellenrauschen
ich möchte jetzt
mit niemandem tauschen

Mein Blick
dem Boden nahe
der Mikrokosmos
zeigt sich mir
kleinste Lebewesen
erblicke ich hier

Das Leben
in seiner Echtheit spüren
mit allen Sinnen
erleben
was Gott erschuf
uns schenkte hier

70 Jahre Frieden

Alle Menschen umarmend
in Liebe erstrahlend

Mein Leben hingebend
für diese Liebe in mir

Doch muss ich erkennen
nicht alle Menschen
sind gut

Ich beweise nun Mut
mach´ im Kleinen wieder gut
was die Großen
im Großen verbrechen

70 Jahre Frieden
hier
in der westlichen Welt

Lasst es so
seid doch froh

Und jagt sie fort
die bösen Falken

Nachts

Nachts
wenn alles schläft
sehe ich die Sterne leuchten
fühle die Unendlichkeit

Am Tage
sind sie nicht zu sehen
nur des Himmels Blau
begrenzt
des Menschen Sicht

Die Unendlichkeit der Nacht
bleibt ihm
dem Menschen
am Tage stets verschlossen

Im Mikrokosmos
seiner Sinne
hetzt der Mensch
von hier nach dort
denkt
er sei so wichtig
was er tut
sei richtig

in der Begrenztheit
seiner Tagessicht

Ich sage Dir
wach auf

Am späten Abend
blicke hoch zum Himmel
und lass
die Sterne auf Dich wirken

Du wirst
begreifen dann
was Du wirklich bist
ein kleines Wesen
mehr auch nicht.

Glück

Täglich
suchen wir das große Glück
wenn es nicht kommt
sind wir betrübt

Meist verbinden wir mit Glück
Macht und Reichtum
es ist verrückt

Die liebevolle Melodie
des kleinen Vogels heute früh

Ein frohes Kinderlachen
auf dem Weg zur Arbeit

Die WhatsApp
der Liebsten
die
ein Herz
dir schickt

Die Summe
dieser kleinen Freuden
sollten wir
als großes Glück verstehen.

Hallo Michel

Hallo Michel
deutscher Schläfer
zahle Steuern
halt das Maul

Was wir brauchen
ist dein Geld

Skandalös
wenn Du nun denkst
deine Meinung
sei uns wichtig

Du bist klein
und wir sind mächtig

Dein Tribut
macht unser Geldschwein
trächtig

Du bekommst dafür das Brot
und obendrauf
auch noch die Spiele

Sei zufrieden – frage nicht
lass den Dingen ihren Lauf
schlafe weiter
steh nicht auf

Sehnsucht

In der Stille der Nacht
an dich denkend
leidend

Du bist nicht da
bist weit fort von mir

Ich löse meine Seele
sende sie hinaus

Meine Sehnsucht
nimmt sie mit

Sie sucht deine Seele
um sich zu verbinden
mit ihr.

Der Akt

Nicht der Akt an sich
ist meine größte Freude

Nein!
Dein Anblick
öffnet meine Seele

Auch die Schönheit
deines Körpers
spricht zu mir
liebkose ihn
jetzt und hier

Ich entfache
deine Leidenschaft
verbinde mich mit Dir

Es ist die Liebe
die verbunden ist
mit Dir.

Kleine Freuden

Genieße jeden Tag
denke nicht an morgen
vertreibe alle Sorgen

Öffne Deine Seele
lass die kleinen Freuden rein

Vertraue nicht allein
nur auf Macht und Geld

Viele kleine Freuden
jeden Tag
von Dir erkannt
und Deine Sorgen
sind verbannt

Glücklich
wirst Du dann erkennen
die Summe
kleiner Tagesfreuden
wird auch Dir
das Leben erhellen

Wetterleuchten

so dachte ich
als ich die hellen Lichter sah
am fernen Horizont
so klar

Doch dann kam
etwas zeitversetzt
auch Donner
laut und klar

Nun wird bewusst mir
was ich sah

Wieder
führen Menschen Krieg

Granateinschläge
sah ich dort
kein Wetterleuchten
wie ich dachte

Und wieder geht´s
um Macht und Geld
Soldaten folgen ihrem Held
für Orden, Glanz und Glorie
lassen sie ihr Blut im Feld

Wahrer Reichtum

Streben nach Macht
nicht durchdacht

Der größte Reichtum
von uns Menschen
ist nicht Reichtum
ist nicht Macht

Es sind
die guten Taten
darauf sei bedacht!

Vogelstimmen

Des frühen Morgens
klare Luft
die Stille
vor des Tages Treiben

Die ersten Vogelstimmen
die den Tag für mich erhellen

Das Morgenrot
in seiner Pracht

Diese Zeit
möcht´ ich nicht missen
der Tag wird meist
ohnehin beschissen.

Sobald die Welt erwacht
die Menschen
ihrem Wahnsinn frönen
eine Hiobsbotschaft
der nächsten weicht

Sind sie vorbei
die schönen Morgenträume

Die Queen

bejubelt
von der dumpfen Masse
denkt sie bei sich
wie dumm
ist diese
niedere Klasse

Glanz und Glorie
Königskrone
Kronjuwelen
Zeichen einer alten Macht

Diesen Reichtum zeigen
dies ist wohlbedacht

Zeigt dem Volke
jetzt und hier
dieser Prunk ist Reichtum
und auch wahre Macht

Zeigt den Abstand
zwischen ihr
und dem blöden
Herdenvieh

Queen
von Gottes Gnaden
dieser Satz
war stets der beste Trick
die dumme Masse
zu beherrschen

Was von Gott kommt
das muss GUT sein
und das Volk
hat es geglaubt

Ihr Mann der Prinz
der alte Lapp
geht drei Schritte hinter ihr
auch das
ist Zeichen ihrer Macht

Und der Pöbel
ist begeistert
freut sich
über Glanz und Glorie
sieht nicht
was die Queen verkörpert

Eine alte Dynastie
deren Reichtum einst erschaffen
mit der Heereskraft Gewalt

Jeder Ziegel
ihrer Schlösser
mit Blut und Tränen
ist durchtränkt

Krieg und Not
Tod und Elend
trugen dazu bei
ihren Reichtum
noch zu mehren

Völker wurden unterworfen
ausgebeutet bis aufs Blut

Und die Queen
ist stolz darauf
pflegt die alten Traditionen
ihrer großen Dynastie
die mit Krieg und Elend
auch mit Lug und Trug
ihren großen Reichtum schuf

All´ dies
sieht die dumme Masse nicht
jubelt weiter
ist begeistert
sieht die vielen Geister nicht.

Demokraten

Sie sind Demokraten
das Volk hat sie gewählt

Nun sind sie in der Pflicht
ihrem Volk zu dienen
sagt der Wähler
und glaubt daran

Doch in Wirklichkeit
sind sie Despoten

Geld geil
Macht geil
et cetera

Des Volkes legitimer Wille
wird da schnell vergessen

Reicht´s mal nicht
für eine Mehrheit
wird koaliert
und dann regiert

Unterm Strich
sind sich alle einig

Ob schwarz oder rot,
ob grün oder gelb
was zählt
sind Macht und Geld

Und ich bitte zu beachten
die Farbenlehre
gibt mir Recht

Farben kann man mischen
Braun
entsteht aus rot und grün
und so weiter
und so fort
soll auch nur
als Beispiel dienen

Also, liebe Wähler
versteift euch nicht auf Farben

Gemischt wird ohnehin
wie es grad gefällt

Meine Seele

Meine Seele
schwebte in Theben
in einem früheren Leben

Ich frag´ mich nun
was ich dort sah

Doch halt
ich sah es nicht
ich hörte
der Philosophen ernste Worte

Sah
wie sie sich zankten,
rankten
um der Wahrheit Willen

In ihren Gesichtern
sah ich
den Verdruss
ich sah es
mit Genuss

Philosophen sind zwar weise
doch wissen auch sie
nicht mehr als ich

Der Wahrheit
letzter Kern
blieb auch ihnen
stets verschlossen

So habe ich
für mich beschlossen

Nur der Glaube
bringt mich weiter
nun betrachte
ich es heiter.

Die Sau

Ich sitz im Klo
was bin ich froh

Meine Süße
sie steht neben mir

Rümpft die Nase
schimpft mit mir

Was soll das
sagte sie erschrocken

Stinkst mir hier
die Nase voll
konntest du nicht warten?

Meine Antwort kam sofort
Ja ich weiß
ich bin ´ne Sau
doch verzeih
mir war ganz flau

Nur Sekunden
die mich trennten
vor dem großen Super Gau

Der Bürokrat

er lechzt nach Ordnung
seine Welt ist maßgeschneidert

Korrektheit ist sein Ideal
alles andere
reine Qual

Auch korrekt
hat er notiert
die Leichen
von Auschwitz bis nach Majdanek

Jeden Schuh hat er gezählt
jeden Hut korrekt notiert
jeden Goldzahn auch quittiert

Das Gesetz
verlangte es so
und diese Ordnung
war ihm heilig

Ob für Kaiser
Nazis
oder Demokraten
für den Bürokraten einerlei

Seine Welt sind die Gesetze
ordentlich von A bis Z

Wer sie macht
ist ihm nicht wichtig
Korrekt sein
das ist richtig

Ändert euch
ihr Bürokraten
Gesetze
die sind menschgemacht
können gut sein
doch auch böse.

Flüchtlingsstrom

Der Flüchtlingsstrom
er reißt nicht ab
er hält Europa
voll im Trab

Die Bürokraten
machen jetzt schon schlapp

Keiner hat damit gerechnet
dass so viele Menschen flieh´ n
aus Elend und Not
Krieg und Tod

Und viel mehr noch
kommen nach

Wie kann das sein
so fragen viele

Die Antwort
liegt doch auf der Hand

Jeder Flüchtling
hat ein Handy
ruft zurück ins Heimatland

Sagt den Leuten
es ist wahr

Es gibt alles
was wir hörten
Versorgung Geld und Wohnungsbau

Packt die Sachen
kommt uns nach

Auch die Frauen hier sind toll
tragen Minirock
statt Schleier

Bieten Peep-Show täglich
ohne Eintritt
ist doch geiler als im Traum.

Gift Krug

Weil sie nicht mehr können
die alten Männer
führen sie Kriege
lassen töten
Kinder-Frauen und Männer

Spannung heißt ihr Lebenselixier
Im Bett
da bringen sie nichts mehr

Also suchen sie
die Spannung anderswo

Intrigieren infiltrieren
hetzen jeden gegen jeden

Mit bösen Zungen
beraten sie die Jungen
schütten ihren Gift-Krug aus.

Die Insel

Die Insel der Glückseligen
inmitten der EU

Deutschland
du Land des Wohlstands
Not und Elend
herrschen anderswo

Deutschland Deutschland
über alles
über alles auf der Welt

Diese Hymne
spricht wohl Bände
Größenwahn
gepaart mit Hochmut
zeigt den Ländern rundherum
am deutschen Wesen
soll die Welt genesen

Deshalb spricht Frau Merkel
frank und frei
sparen müsst ihr
und nicht prassen
nehmt ein Beispiel euch
am deutschen Wesen

Spart
sonst lassen wir euch verwesen

Auch in Deutschland
gibt es Armut
doch die haben wir im Griff

Hartz IV
heißt hier das Zauberwort
genug zum Leben
zum Sterben wohl zu viel

Doch der deutsche Staat muss sparen
G 7 war ja angesagt
nur das Feinste
nur das Beste
für die Gäste
das war klar

Sparen
müssen wir beim Bürger
bei den Armen sowieso

Profitgier

Nun sind sie da
die Geister
die ihr gerufen habt

Millionen
sind schon auf der Flucht
abgemagert
geisterhaft

Waffen habt ihr stets geliefert
in alle Krisenherde dieser Welt
die Menschen
waren euch egal

Mit Frieden
lässt sich kein Gewinn erzielen

Profitgier hat euch motiviert
die Rüstungsindustrie floriert

Hört nun auf
zu Lügen und betrügen
Teer und Federn
warten sonst auf euch

Augen auf

Mach die Augen auf
blick hinein
in des Menschen Seelengrund

Hab den Mut
sag nicht nein

Gut und böse
Yin und Yang

Beide Kräfte
sind in uns

Doch nur eine
wird uns helfen
unsere Seele zu erhellen

Um das Gute zu verstehen
musst das Böse du erkennen.

Adeliger Hochmut

Oh lala
Madame, Monsieur

Mit höchster Eleganz
stolzieren Sie daher

Altes, blaues Blut
durchströmt
die edlen Adern

Ob verarmter Adel
oder reich
der Hochmut
ist bei allen gleich

Ihr denkt
ihr seid von Gott erkoren
sogar das Blut sei anders
blau statt rot

Doch seid versichert
Madame, Monsieur
nicht nur euer Blut
ist rot wie bei allen anderen

Auch der Dreck ist braun
der heute Morgen
aus euren Ärschen kam

.

Neid

Oft
höre ich die Frauen sagen

Mann mit Bart
das geht doch nicht

Doch in Wirklichkeit
es ist nur Neid

Denn der Mann
kann hier verbergen
seine Falten
mit dem Bart

Die Erde

Milliarden Beine
gehen
laufen
krabbeln

Der Boden wankt
die Erde schwankt
sie leidet
unter dem Gewicht
das Gleichgewicht
es bricht

Dann sind da noch
Milliarden Hände
sie roden
bauen
rauben

Und sie töten
andere Hände
und noch mehr

Das Gleichgewicht der Erde
besteht dadurch nicht mehr.

Jugendwahn

Hier ein Cremchen
dort ein Sälbchen
zwischendurch auch mal
Skalpell

In Würde altern
das war gestern
heute zählt
der Jugendwahn

Spieglein, Spieglein
an der Wand
wer hat die wenigsten Falten
im ganzen Land

Nun sag mir schon
dass ich es bin.

München Hauptbahnhof

München Hauptbahnhof
ein Zug fährt ein
langsam rollt er aus

Ich stehe abseits
schaue drauf

Sehe plattgedrückte Nasen
an den Scheiben

Kinderaugen
groß und voller Angst
blicken aus dem Zug heraus

Was mag uns hier erwarten
fragen sie sich wohl

Viel Not und Elend
haben sie gesehen
diese armen Kinderaugen

Wahrhaftige Schönheit

Blaue Augen
strahlend schön
Kontaktlinsen

Augenwimpern
klimpern
Künstliche Wimpern

Verheißungsvolle
rote Lippen
Lippenstift

Ebenmäßig ihre Zähne
strahlend weiß, das Lachen
Veneers - perfekt gemacht

Dekolletee
zum Träumen schön
Implantate

Wunderbare blonde Haare
lang und seidig
in der Sonne glänzend
Perücke

Ein Tattoo am Po
gar meisterlich gestochen
Eine Narbe verdeckend

Ebenmäßig das Gesicht
zum Verlieben schön
Makeup - verdeckt die Falten

Vor dem Spiegel steht sie nun
und fragt dort frank und frei
„Spieglein, Spieglein
an der Wand
wer ist die Schönste
im ganzen Land?"

Das Spieglein
hat die Antwort schon parat

Die größte Künstlerin
im ganzen Land seid ihr
die das Bild im Spiegel
hat erschaffen hier

Tagtraum

Schmachtend – sehnsuchtsvoll
blickt sie ihn an
der ihrem Ideal entspricht
dieser Mann

Schöne Hände
geiler Po
groß – athletisch
sowieso

Sie schließt die Augen
sieht ihn nackt
groß und prächtig
seine Manneskraft

Sieht ihn auf sich
in sich
überall
spürt den Saft
den er verströmt in ihr

Diesen Mann
ihn möcht' sie haben
sie öffnet ihre Augen

Doch ihr Traumprinz
ist ums Eck
ihrem Blick entschwunden

Schwindel hatte sie erfasst
dieser Tagtraum
geil und heftig
hatte ihre Leidenschaft entfacht

Wieder klar bei Sinnen
sieht sie nun
den Mann an ihrer Seite stehen

Es ist ihr Mann
mit flachem Po
klein und schmächtig
sowieso

Ist Dir nicht wohl
mein Schatz
fragt er besorgt
und hält sie fest

Nein, nein
mein Bärchen
alles klar
haucht sie ihn an
und wird nicht rot

Hab nur geträumt
mit Dir zu schlafen
weil Du
der Größte
für mich bist

Liebe

Machtvoll
ist der Satz
ich liebe Dich

Mach Platz
für diesen Satz

In deiner Seele
deinem Herzen

Verbanne alles
was dagegen spricht

Nur die Liebe
soll Dich leiten

Lass Dich nicht
vom Hass verleiten

Leben

Lasst uns lieben leben
Heiterkeit erstreben

Lebt den Tag
und nicht das Morgen

Heute
ist die Zeit dafür
heute
habt ihr keine Sorgen

Seht euch um
erkennt die kleinen Freuden

Erhofft euch nicht das große Glück
es kommt nur selten
meistens nicht

Doch die Summe
kleiner Freuden
kann zu großem Glück
euch werden

Gier

Große Konzerne
beherrschen die Welt

Politiker machen
was ihnen gefällt

Der Mittelstand
wird ausgelöscht
zwar hat er
das Land
einst groß gemacht

Doch die Konzerne
grenzenlos in ihrer Gier
wollen nicht teilen
wollen noch mehr

Griechenland

Den Griechen
wird es nun zu bunt
sie geben
ihren Unmut kund

Nicht wir kleinen Leute
sind es
die im Luxus schwelgen

Im Himmel
des Reichtums schweben

Nein
es sind die Milliardäre
die hier
wie dort
wie überall
das Geld am Volk
vorbei lancieren

Politiker und Beamte
schmieren
Ihr Geld
ganz sicher unversteuert
ins Ausland transferieren

Hört zu
ihr Reichen
unseres Landes

Bringt zurück
was uns gehört
sonst seid Ihr
keine Griechen mehr

Wir nehmen euch die Pässe ab
von da an
seid ihr reich
doch heimatlos

Dich lieb ich

So wahr
des Menschen Leben
wird vergehen

So wahr
des Sternes Strahl
wird ewig stehen

So wahr
der Ebbe
folgt die Flut

So wahr
hab´ ich die Liebe empfunden
als ich Dich hab gefunden

Dich lieb ich
wie Du mich

Du liebst mich
wie ich Dich

Liebend zugewandt

Wie schön ist mein Empfinden
dich heut´ zu sehen
zu ergründen
ob auch Dein Herz
nur schlägt für mich

Dies will und muss
ich heut´ erfahren

Ich will Dich lieben fühlen spüren
Ein neues Leben
mit Dir gründen

Denn mein Herz
ist Dir liebend zugewandt

Schlägt für Dich
nur Dich allein

Der Menschen Menschlichkeit

Menschlich ist des Menschen Eitelkeit
Ich betrachte es mit Heiterkeit

Leid sieht der Mensch
In Krieg und Tod

Doch menschlich ist es
Wie des Menschen Kot

Not und Elend
Krieg und Tod
Sind oftmals der Menschenseele Lot

Menschlich ist
Des Menschen Lug und Trug
Die Liebste
Gab ihm Gift aus ihrem Krug
Betrug
So dachte er
Im letzten Atemzug

Menschlich ist
Des Menschen Neid
Ich sehe es mit Bitterkeit

MENSCHLICH
IST DES MENSCHEN GRAUSAMKEIT
GRAUSAM
IST DES MENSCHEN MENSCHLICHKEIT

Muttertag I

Muttertag du Tag der Freude
Für alle Mütter dieser Welt

Heute sind sie alle da
Um zu ehren ihre Mütter

Jungen, Mädchen
Groß und klein
Bringen der Mutter
Gedichte fein

Kummer Sorgen Not und Elend
Heute ist das einerlei

Mutters Augen glänzen
Was heute zählt
Ist Muttertag

Muttertag II

Der kleine Sohn
er liebt die Mutter
Und die Mutter
sie liebt ihn

Gebastelt
hat der kleine Junge
für seine Mutter
ein Geschenk

Heut´ ist Muttertag
ein Tag der Freude
Da überreicht der Junge
sein Präsent

Zehn Jahre später
auch am Muttertag
Der kleine Sohn von einst
er ist Soldat
Auf Mutters Erde liegt er nun
Die Uniform
vom Blute in rot gefärbt

Ein Kriegsherr
gab ihm Gift aus seinem Krug
Betrug
So dachte er
im letzten Atemzug

Er starb
für eines Mächtigen Ideologie
Es ist die pure Idiotie

Ihr Mütter dieser Söhne
blickt zurück
seht eurer Söhne
fröhlich Kinderlachen

Fegt hinweg
die bösen Kakerlaken
die sich über euch lustig machen

Die euch eure Söhne rauben
für den Krieg
und für den Tod

Die Ethik stirbt

Blut entströmt
des Menschen Sinnen

Rachsucht
wird zum Ideal

Satans Wille
durchdringt das irdische Geschlecht

Moral
wird nun zur Farce

Erbarmen
wird des Narren Ideal

Was zählt
ist nur der Geist
der Geist der Unbarmherzigkeit

Vergänglichkeit

Einst lebten Menschen hier
sie liebten fühlten lachten
Nun sind sie fort
vom Winde verweht
Nur die zerfallenden Mauern
wispern leise noch
von Leben und Tod.

Vorankündigungen

Der Seher von Freddy Vogt

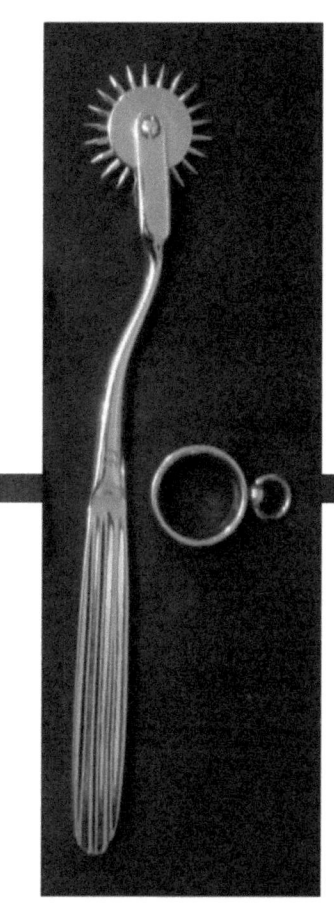

BDSM

**Eine
wahre
Geschichte**

In Wort

und Bild

Freddy Vogt

Coming soon!